이별이 서성이다, 나에게 왔다

이별이 서성이다, 나에게 왔다

초판 1쇄 발행 2022년 11월 22일

지은이 서미영
펴낸이 장현수
펴낸곳 메이킹북스
출판등록 제 2019-000010호

디자인 박단비
편집 박단비
교정 강인영
마케팅 장윤정

주소 서울특별시 구로구 경인로 661, 핀포인트타워 912-914호
전화 02-2135-5086
팩스 02-2135-5087
이메일 making_books@naver.com
홈페이지 www.makingbooks.co.kr

ISBN 979-11-6791-271-8(03810)
값 13,000원

ⓒ 서미영 2022 Printed in Korea

잘못된 책은 구입하신 곳에서 바꾸어 드립니다.
이 책의 전부 또는 일부 내용을 재사용하려면 사전에 저작권자와 펴낸곳의 동의를 받아야 합니다.

홈페이지 바로가기

메이킹북스는 저자님의 소중한 투고 원고를 기다립니다.
출간에 대한 관심이 있으신 분은 making_books@naver.com로 보내 주세요.

이별이 서성이다,
나에게 왔다

서미영 시집

메이킹북스

시인의 말

마음이 지나온
발자국을 뒤따라갑니다

상처받고 아팠던 내가,
힘든 하루 수고한 내가,
누구보다 행복한 내가,
나를 반깁니다

또 다른
나를 만나러
오늘도
마음의 산책을 나섭니다

목차

5   시인의 말

1부
이별이 서성이다

14   이별 후
15   그런 날이 있어
16   슬픈 선율
17   플라스틱 사랑
18   일상인 그대
19   시절 인연
20   그림자 사랑
21   사랑의 흔적
22   이별이 서성이다
23   계절의 흐름
24   이별 초짜
26   다시, 봄
27   悲
28   기다림의 손길

30	때늦은 후회
31	흔한 말
32	불운
34	슬픔의 역류
35	마음의 다리미
36	내 그림자에게
37	동백꽃이어라
38	모래 늪
40	헛소문
41	고통의 여백
42	변심
43	내가 나를
44	야생화
45	난, 날 사랑하지 않았다
46	이별 시선
47	그래 볼게

2부

그리움에 잠기다

50	온전한 하루
51	그대가 불어오는 날

52	이미 넌 내게 그런 사람
53	사랑의 공모자
54	내게 오세요
56	사랑 매진
57	거리 두기
58	설레는 오늘
59	봄의 여왕
60	나에게 오는 신호등
61	태양과 같은 내 마음
62	축복의 날
64	가을이 온다
66	가을의 고백
68	가을의 선물
70	고운 인연
72	하늘나라 꿈별
75	너에게
76	밤의 조명
78	그리움에 잠긴 밤
79	겨울 사랑
80	따뜻한 장갑
82	그런 사람
83	슬픔에 기대는 밤

84	웃어야 사는 여자
86	재회
87	이별의 종착역
88	추억의 못
90	사랑의 부작용
92	나의 삶

3부
마음 산책을 나서다

96	내 마음에 눈이 내리면
97	내 인생이 시와 같다면
98	행운의 발걸음
99	가을의 전설
100	그게 인생이지
101	소중한 나
102	꿈의 질주
103	눈부신 10월의 가을날에
104	사랑의 숙제
105	안녕, 동장군
106	산타의 비밀
108	먼지

109	잡초
110	옛 동네
112	엄마도 꽃이었다
114	눈썹달이 떠오르면
115	고운 기다림
116	우리 아빠
118	오래된 타인
119	슬리퍼 하나
120	노년의 드라이기
122	슬픔이 나에게
124	마음 산책
125	무지개는 뜬다
126	자아 찾기
128	자화상
129	당신은 누구신가요
130	영정 사진
132	아름다운 황혼

1부
이별이 서성이다

이별 후

평안한 일상에
문득
당신이 끼어드는 하루

내내
잘 버티다

그렇게
무너지는 하루

그런 날이 있어

그런 날이 있어
슬픈 일도 없는데
눈물짓게 되는 날

그런 날이 있어
남들 다 웃는데
나만 웃지 못하는 날

그런 날이 있어
내게 온 사랑이
어느새
뒷걸음치고 있는 날

이별이 사랑을
밟고 가는
그런 날

슬픈 선율

이 밤
슬픈 선율에
고이 너를 담는다

날 부르던 너의 목소리
날 향하던 그 눈동자
아직도 잊지 못하는 너의 향기

그 어떤 아름다운 선율도
널 대신할 수는 없지만

흐르는 내 눈물에
핑곗거리가 되기에

너 때문이 아닌

이 슬픈 선율 때문이라고

플라스틱 사랑

사랑에 상처받지 않아
이별만큼 쉬운 것도 없지

쾌락에
어느새 굳어진
딱딱한 플라스틱 심장

아무것도 느낄 수 없는 건지
아무것도 느끼고 싶지 않은 건지

오늘도
사랑과 이별이
거리에 넘쳐 나는

참 쉬운
플라스틱 세상

일상인 그대

그대를 그리는 건
어느새
내 일상이 되었습니다

내 맘속 그대는
한 번도 날 떠난 적이 없지요

그러니 그대를
잊으라 하지 마세요

그대는 내 일상이며
고칠 수 없는
내 습관입니다

시절 인연

보이지 않아도
느낄 수 있는 사랑

만날 수 없어도
깊어지는 사랑

스쳐지나가도
한눈에 알아보는 사랑

오래 기다렸습니다
당신을

그림자 사랑

눈부신 널
마주하진 못해도

눈부신 햇살 아래에선
네 옆에 있을 수 있으니

넌
그렇게
빛나기만 하면 돼

난
기꺼이
검은 그늘이 되어줄 테니

사랑의 흔적

어느덧
삶의 무게에 묻힌
내 사랑의 흔적을

문득
꺼내어 보고 싶은 날

나만 아는
그때
그 시절
그 느낌의
그대를

이별이 서성이다

아니길
바랐는데

이별이
서성이다

나에게
왔다

계절의 흐름

내 무의식 속에
여전히
계절이 흐른다

나의 계절은
오로지
너로 인해 흐르는 것을

계절은
수없이 바뀌고

어느
한 계절은

무수히
내게 머문다

이별 초짜

갑작스럽게
다가온 적도 있었다

불안한 예감을
내가 먼저 느꼈을 때도 있었다

몇 번의 경험으로

이제는 괜찮을 거라
이번에는 잘 견뎌낼 거라
다시는
내 삶이 휘청거리지 않으리라
자신했었다

하지만
그건 순전히
내 자만이었다

마음 다잡고
마주 본
이별 앞에서는

번번이
난
초짜였다

다시, 봄

초록의 생명이
빼꼼
얼굴을 내밀고
인사한다

봄이다

너만큼 기다렸던
시간이다

너처럼 설레는
계절이다

悲

살짝만 건드려도
바스러지는 낙엽처럼

내 마음이
무참히
바스러진 하루

그렇게
슬픔에 잡아먹힌 하루

기다림의 손길

살다 보면
혼자 할 수 없는 하모니처럼
누군가가 꼭 필요할 때가 있어

그럴 때면
용기 내어
손 내밀어 봐

가만히
기다리다 보면

그 손
잡아 주는
손길이 느껴질 거야

마침
기다리고 있었거든

외로운 자신과
맞잡아 줄 손길을

때늦은 후회

밥이라도 먹여 보낼걸

길거리에서 널 보는 게
마지막이 될지 어찌 알았을까

보고파도
다른 하늘에 있어
볼 수 없는 너를

이제는
보내야 하는데
아직 못 보내는 너를

커지기만 하는
이 대책 없는 그리움을
어찌하면 좋을까

흔한 말

때로는
거창한 말보다
흔한 말이
마음에 와닿을 때가 있다

그 흔한 말
한마디에
내 날 선 감정이 녹아내리고

모든 걸 놓아 버리고 싶던
그 순간
날 살리곤 했었다

그 흔하디흔한 말로 인해
비로소
오늘까지 왔다

불운

지지리
운도 없다

살다 한 번쯤은
기대 못한 행운도 만나고
팔자도 좋아지련만

길가다
축축한 새똥을
머리에 맞을 확률이
과연
얼마나 될까

그것도
한 번도 아닌
두 번이나 맞은 내가
무슨 행운 타령이며
팔자타령이냐

그래
세 번이나
맞지 말자

슬픔의 역류

마음에
커다란
구멍을 뚫는다

그 구멍이
한동안
제대로 역할을 하는 듯싶다가

그새
역류하고 만다

온 천지가
온 바닥이

슬픔이고
눈물이다

마음의 다리미

구겨진
내 마음을
반듯하게 펼 수 있는
다리미가 있었으면 좋겠다

그래서
구겨진 마음이

상처로
깊게 패인 마음이

흔적도 없이
도로
말짱해졌으면 좋겠다

내 그림자에게

고개 들고
어깨 펴라

허리 곧게 세우고
당당히 걸어라

내가 풀이 죽었다고
너까지 기죽지 마라

기억해라

너는 환한 빛 속에서
더욱 선명하고
뚜렷해진다는 걸

동백꽃이어라

눈보라에 더 붉어지는
동백꽃처럼

찬 서리에 더욱 만발하는
동백꽃처럼

꽁꽁 언
시린 내 마음에

붉은 낙인으로
각인된

그대는
시들지 않는
동백꽃이어라

모래 늪

언제부터 잘못되었을까
언젠가부터
내 뜻과는 다르게

뒤틀려 버린 삶이
뒤엉켜 버린 인생이
내 발목을 잡는다

벗어나려
다른 길로 돌아가도

나선 원형의
계단을 오르듯

올라가도 올라가도
끝은 보이지 않고
제자리걸음이다

거기서
헤어나려
애를 쓸수록

사방이
모래 늪이다

헛소문

발도 안 달린 것이
여기저기
떠돌아다닌다

형체도 없는 것이
순식간에
걷잡을 수 없이 불어난다

누군가 말한다
진실은 중요하지 않아

그 생명력 또한
바퀴벌레와 버금간다
끔찍하게도

고통의 여백

언제나
그랬다

고통엔
작은 여백조차
허락하지 않았다

변심

하루가 다르게
변하는
세상을 이해하듯

고작

사랑에 대해
변한
네 마음도
이해하기로 했다

내가 나를

나를 힘들게 하는 게
바로
내가 아닌지

나를 슬프게 하는 게
바로
내가 아닌지

나를 못 미더워하는 게
바로
내가 아닌지

그래서
나를 외롭게 하는 게

다름 아닌
바로
내가 아닌지

야생화

거친 세상 속에서
넘어지더라도

세상 사람들에게
외면을 당해도

나를 쳐내고
짓밟아도

난 또다시
피어오를 것이다

한 줄기
빛이 없어도
피어나는
난 야생화니까

난, 날 사랑하지 않았다

난 사랑받길 원했다

누군가 다가와 주길
누군가 말 걸어 주길
누군가 함께해 주길

어느새
혼자가 아니었다

누군가 옆에 있었고
누군가와 함께였다

하지만
내 마음은 채워지지 않았다

정작
난
날 사랑하지 않았다

이별 시선

뜸한 연락 속에
간간이 지속되는
의무적인 만남

차가워진 말투
애틋함이 사라진
낯선 눈빛

서로의 눈 맞춤보다
서로가 다른 곳을 응시하며
시간이 흘러갈 때

그렇게
사랑도 추억도
더불어 흘러갈 때

그래 볼게

그래
참아 볼게

조금씩
웃어 볼게

조금만
아파할게

그렇게
널 잊어 볼게

그런대로
잘
살아 볼게

2부
그리움에 잠기다

온전한 하루

이 시간
네 그리움으로

부족한
내 일상의 하루가
완성이 된다

그대가 불어오는 날

따스한 봄바람처럼
그대가 불어오는 날

꽃비처럼 황홀해
순간 정신을 놓아 버리고

불어오는 그댈
피하지도 못하고

내 맘속에 그대로
그대를 받아들인 날

이미 넌 내게 그런 사람

날 어떻게 생각하느냐고
묻는 너에게
난 미소 짓고 말아요

웃지만 말고
말을 하라고
다그치는 너에게

머뭇거리며
사랑한다고

수줍게
고백하는 너에게

이미 넌
내게
그런 사람

사랑의 공모자

언제까지
숨길 수 있을까요

티를 내지 않으려 해도
쉽지 않네요

이젠 들켜도 할 수 없어요

보이는 증거가 너무 많은 걸요

이젠 밝힐 때가 된 것 같아요

바로 우린
사랑의 공모자니까요

내게 오세요

거기 모퉁이에
숨어 있지 말아요

날 향한 발걸음도
멈추지 말아요

이 밤을 수놓는
수많은 별빛도
고운 달빛도

나만 따라오는데

그대도 별수 있나요

아직도 모르시나 봐요

이미
당신 맘

제가
이끌고 있다는 걸

사랑 매진

저에겐
두 개의 눈동자가 있지만
그 둘은 같은 곳을 바라봅니다

하나뿐인
제 마음도
둘로 나뉠 수 없지요

제게 사랑을 원하시나요

죄송합니다

이미 제 사랑은
한 사람에게
매진되었습니다

거리 두기

손을 맞잡지 않아도
나를 바라보는
따스한 그대 눈빛이 있기에

굳이 말하지 않아도
당신의 마음이 전해지는
따뜻한 가슴이 있기에

우리를 위한
모두를 위한

당분간의 거리 두기

괜찮아요

떨어져 있어도
내 눈엔
당신만 보이니까요

설레는 오늘

가슴 뛰는
오늘을
기억할래요

그토록
기다리던
봄과
눈 맞춤 한 날

봄의 여왕

화려한 벚꽃들이 만발하지만
내 눈엔 오직
당신만 꽃이랍니다

고운 햇살이 날 보며 미소 지어도
날 설레게 하는 건 오직
당신 미소랍니다

제아무리 계절의 여왕일지라도
그대를 꾸며 주는
하나의 배경인 것을

봄이 아름다운 건
당신이 존재하기 때문입니다

이 봄의 여왕은
바로 그대니까요

나에게 오는 신호등

어쩌다
빨간 불이 켜져도
넌 멈추지 말고
그대로 내게 달려오면 돼

혹여
노란 불이 보여도
절대 돌아오지 말고

헷갈리지 마

항상 너에겐
바로
내 심장으로 통하는
초록불이 켜져 있으니

태양과 같은 내 마음

이 한낮
뜨겁게 내리쬐는
태양이

그대를 향한
주체할 수 없는
내 사랑이라면

그대
조금은
시원할까요

축복의 날

이 떨리고 설레는 마음을
어떻게 표현할까요

함께할 미래에
벅차오르는 가슴을

눈만 마주쳐도
참을 수 없는 미소를

우리 살다
힘든 날이 오더라도

오늘을 떠올리기로 해요

사랑
하나면
아무것도 필요 없었던 이 마음을

이 세상 누구보다
행복했던 우리를

더도 말고
덜도 말고
바로

오늘 같은
이 마음을

가을이 온다

혼자 오면
반가이 맞아 줄 것을

꼭 누군가와
함께 온다

억지로 구겨 넣은
기억을

버렸다 생각한
추억을

까맣게 잊고 지낸
향기를

고스란히
데리고 온다

가을이 오면
언제나 너도
나에게 온다

가을의 고백

고운 단풍 친구들을 데려와
들러리로 세우고

세상 가장 청명하고
맑은 눈빛으로
날 바라보네요

어느새 준비한
코스모스 꽃반지를
내게 건네며

바람의 콧노래로
감미로운 세레나데가 시작되네요

정해진 짧은 만남이라
언제나 망설여지지만

난 또다시

이 가을과
사랑에 빠져 보려 합니다

가을의 선물

눈이 시리도록
파란 하늘

낭만을 싣고 나르는
가을바람

온몸을 흔들며
반기는
코스모스의 미소

모두
당신을 위한
가을의 선물입니다

싱그러운
당신의 가을

오늘도 놓치지 말고
꼭 챙기세요

고운 인연

누군가를 알아가는 것
또 나를 보여줘야 하는 것

나이 들수록
사람을 마음으로 받아들이는 일이
쉽지 않음을 알기에

그래도
노력해보는 것

나의 일상을 조금 내어 주고
그의 일상에 조심스레
한 발을 내딛는 것

혼자가 아닌
함께가 되는 것

그래서
그렇게
누군가와
고운 인연이 된다는 것은
귀한 일이다

참으로
특별한 일이다

하늘나라 꿈별

구름 파도를 타고
어느새 도착한
하늘 바다

야간 개장에 오신 걸
환영합니다

다행히 오늘도
늦지 않게
달님이 출근했네요

달님의 달빛이
은은하게 밝혀지면

그때부터
우리들의 꿈들로 만들어진
꿈별들이
하나둘씩 하늘 바다 위로 떠오릅니다

그중에 마음에 드는
꿈별을 골라 타시면 되세요

타시다가
다른 꿈별로 갈아타셔도 되구요

만약
나와 딱 맞는 꿈별을 탔을 때는

눈부시게 빛나는 별가루가
온 하늘 바다 위에 가득 채워질 거예요

드디어
꿈이 이루어지는
마법의 시간이지요

꿈을 잃어버리셨다구요?

뭘 주저하세요

반짝반짝 꿈별들이
기다리고 있답니다
당신을요

너에게

따스한 햇살이
내게 입 맞추며
미소 짓고

나만큼
예쁜 꽃들과 별빛들로
가득한 세상

나와 놀자며
마파람이 내 모자를 빌려 쓰고
도망가는
재미있는 세상

너에게도
이 예쁜 세상을
보여주고 싶어

밤의 조명

밤의 조명은
낮게 가라앉았던
내 감정의 무게를
가볍게 만든다

그 무게가
너무 가벼워

여러 감정들이
널뛰기를 하듯
튀어 오른다

색색의 빛깔로
어둠을 수놓고

적막한 고요와
어깨동무하며
밤을 장식한다

그 덕에 나도
밤의 조명 속에서
고즈넉이
이 밤을 즐긴다

그리움에 잠긴 밤

달빛도
창백한 밤

별빛도
빛을 잃은 밤

모두가

짙은
그리움에
잠긴 밤

겨울 사랑

그대에게 난
어느새
그대 마음에
소복소복 쌓이는
하얀 눈송이이고 싶어라

그대에게 난
시린 겨울이 와도
굴하지 않고
아름답게 피는
눈꽃이고 싶어라

그렇게

그대에게 난
언제나 기다려지는
설레는
첫눈이고 싶어라

따뜻한 장갑

유난히 손이
차가운 내게

따뜻한 손으로
온기로 덮어 주던 그대

자기 손 맞잡고 싶어
일부러 장갑 안 끼고 나온다며
농담을 던지던 그대

자기가 평생
따뜻한 장갑이 되어 주겠다며
그대의 고백으로 시작된 우리

지금도 장갑은
고이 서랍 속에

차가운 내 손은

여전히
따뜻한 그대의 손에

그런 사람

절망 속에서도
희망을 노래하는 사람이 있다

스쳐 지나가더라도
반가운 사람이 있다

고된 가시밭길을
함께 걸어가고픈 사람이 있다

함께라는 이유로
푸르른 꿈을 꾸게 만드는
그런 사람이 있다

그런 사람이
되고 싶다

슬픔에 기대는 밤

어둠에
먹힌 밤

억지로 토막 내어진
그리움의 조각들이
꾸역꾸역
제 스스로
이어지는 밤

슬픔만이
나를
부축하는 밤

웃어야 사는 여자

슬퍼도
웃는 여자

억울해도
웃는 여자

벼랑 끝에서도
웃는 여자

그래야
살아갈 수 있어서

그래야
내가 날 놓지 않을 수 있어서

그래야
하루를 겨우 버틸 수 있어서

지금도 웃음 짓기 위해
웃음에 매달리는 여자

재회

세월이 돌고 돌아
우연이 겹쳐서
그대를 만나게 된다면

끈질긴 내 투정에
하늘이 지쳐
우리를 만나게 한다면

놓아 버린 손
그때는
못 이기는 척
잡아 주길

겨우 맞잡은 손
다시는 놓치지 않기를

이별의 종착역

설렘이 빛바랜
무뎌진 사랑에

이별이 되지 않으려
발버둥이 친 적이 있었다

사랑이란 이름으로
겨우 연명만 이어갈 뿐

말은 하지 않았어도
답은 이미
서로 알고 있었다

추억의 못

시간이 흐르고
구름도 흐른다

강물이 흐르고
눈물도 흐른다

계절이 흐르고
슬픔도 흐른다

그러나
추억은 흐르지 않는다

내 맘속
깊은 둑에 갇혀

흐르지도 못하고
고여 있다

기나긴 세월에
마르지도 않은 채

사랑의 부작용

나의 희생으로
나의 헌신으로
온전히 지켜질 줄 알았다

항상 나를 뒷전으로
나를 돌보지 않았다

어느새
내가 믿었던 사랑은

날카로운 칼날이 되어
날 향하고 있었다

그렇게
나를 허물어트리며
지켜온 내 사랑은

끝내
자살하고 말았다

나의 삶

내 삶에는
아름다움이 산다

고귀한 예술과
버금가는

늘 한결같이
아름다운

그대가 산다

3부
마음 산책을 나서다

내 마음에 눈이 내리면

내 마음에
눈이 내렸으면 좋겠다

그 하이얀 눈으로
내 어질러진 온 마음을
하얗게 덮었으면 좋겠다

그리고
새하얘진 마음에
첫눈을 밟듯
아이처럼
첫발을 내딛고 싶다

내 인생이 시와 같다면

내 인생이 시와 같다면
계절의 아름다움을
마음껏 노래하며 살아가리라

내 인생이 시와 같다면
나를 떠나가는 모든 것들에
마음 쓰지 않으며
유유히 살아가리라

내 인생이 시와 같다면
매일의 일상 속에서
치열함은 버리고
고운 꿈꾸듯이 살아가리라

그렇게 살아가리라

행운의 발걸음

우리 눈 맞추며 바라볼까요
희망이 사라지지 않도록

우리
손 맞잡고 일어나 볼까요
소망이 피어나도록

그리고 우리

발맞추어 힘차게 걸어 볼까요
행운이 우리 발걸음에 치이고 치이도록

가을의 전설

달빛이 차오르고
그리움이 차오르면

그때가
되었나 봅니다

별빛의 노래가 흐르고
밤하늘에 어둠이 내리면

비로소
시작되지요

마음속 깊이 간직한
소망 하나
꼭 이루어진다는

신비로운
가을의 전설이

그게 인생이지

지친 하루 끝에
쓰디쓴 소주 한 잔의
행복을 안다면
그게 인생이지

짧지도 길지도 않은 삶에
가슴속에 묻어 둔
그리운 사람 한 명쯤은 있어야
그게 인생이지

실패도 좌절도 해 보고
세상 만만치 않다는 걸 깨달아도
꿈을 포기하지 않는 것
그게 인생이지

그렇게 사는 게
인생이지

소중한 나

소중한 나를
다른 사람과
비교하지 마세요

굳이
비교를 하게 된다면

지난 나와
오늘의 나를
비교하세요

언젠가
내가 나를
부러워할 수 있도록

꿈의 질주

오늘도 난
내 꿈을 향해
앞만 보고 질주하네

이 길은
일방통행이므로

눈부신 10월의 가을날에

대지의 기운이
첼로의 선율로
자연을 감싼다

가을바람의 신선함을
부드러운 비올라의 음색으로
덧입히고

청명한 파란 하늘과
황금물결의 아름다움이
어우러지며

화려한 바이올린의 연주로
비로소
가을의 현악 사중주는 완성된다

눈부신
10월의 가을날에

사랑의 숙제

매일
설렘 채우기

의심은 지우개로
깨끗이 지우기

질투는 얼씬거리지 못하도록
왕따 시키기

붙어 있는 콩깍지는
굳이 벗겨 내려 애쓰지 않기

믿음의 노트에
매일
복습하기

안녕, 동장군

이제
그만큼 놀았으면
돌아갈 때도 됐지요

무슨 소리
아직 한창 놀 때라며
갈 마음먹지 않는 동장군

세찬 겨울바람에 혼꾸멍나고
거친 눈보라에도 끄떡없더니

이른 봄바람이 살랑이며 찾아가
살살 어르고 달래니
기분 좋아진 동장군

인심 썼다
큰소리치며
겨울바람에 소맷부리 붙들려
그제야 돌아가네

산타의 비밀

엄마 엄마
울 집 굴뚝 작아
산타 할아버지 못 오시나
걱정하던 소녀에게

귀여운 울 아가
걱정은 하지 마렴
굴뚝이 안 되면
창문으로 오신단다

그래도 걱정되어
창문까지 열어 놓고
기다리다 잠든 소녀

세월이
흘러 흘러

올해는 산타 할아버지께

감사 인사드린다며
졸린 눈 비비다 잠든
내 아이의 머리맡에

행복한 미소 지으며
선물 상자 놓아두네

그때
그 소녀가

먼지

창문을 닫아도
대체 어디로 들어오는지

아침에 널 치워도
어디선가 또 금방 나타나는지

오늘도 어김없이 시작되는
청소 시간

그럼에도

요지부동 네 자리를 꿋꿋이 지키는
네 배짱 하나는 맘에 든다

잡초

콘크리트 보도블록 사이에도
귀한 생명이 피어난다

어쩌다
볼품없이 금이 간
보도블록일지라도

그 사이에 싱그러운
초록 생명이 메워진다

사람들에게 밟히려고
자라난 게 아닐 텐데

무심히 밟힌다
무참히 짓밟힌다

그걸 알면서도
피어난다
싱그럽게

옛 동네

옛 동네를 지나니
좁은 골목에서
숨바꼭질을 하는 어릴 적 내가 보인다
못 찾겠다 꾀꼬리를 외치며
친구를 찾던 내가

옛 동네를 지나니
학교 앞에서
사방치기를 하던 어릴 적 내가 보인다
돌 하나만 있어도 즐거웠던
그 시절의 내가

옛 동네를 지나니
집 앞에서
고무줄을 하는 어릴 적 내가 보인다
내 키보다 훨씬 높은 고무줄을
가볍게 뛰어넘던 내가

옛 동네를 지나니
어릴 적 나는 없고
훌쩍 커 버린 낯선 내가 보인다
어릴 적 그때를
추억하는 내가

엄마도 꽃이었다

엄마도 꽃이었다
문득
그 향기에 뒤돌아
발걸음이 멈춰지는

엄마도 소녀였다
세상을 투명하게 바라보고
희망의 노래를 부르던

엄마도 청춘이었다
가슴 뛰는 설렘과
푸른 꿈을 간직한

비록 지금은
향기 대신 김치 내음이 풍기고
미소 대신 주름살이 눈에 띄어도

그런 엄마도

윤슬처럼 빛나던
별이고 햇살이었다

눈썹달이 떠오르면

혼잣말로
세상만사
웃을 일 없다던
우리 엄마

눈썹달이 떠오르면
그 눈썹달 고이 떼어
우리 엄마에게 선물해 드려야지

그리고
보고픈 우리 엄마
원 없이
웃게 해 드려야지

고운 기다림

그 예쁜 눈망울을 알기에
그 고운 설렘을 알기에

언제나
마음이 먼저 달려가

오늘도 재촉하는
발걸음

사랑하는 이를 기다리는
그 아름다운 마음

우리 아빠

나는 항상 뛰어요
보폭을 맞추기 위해
뛰고
또 뛰어요

이제는

천천히 걸어요
보폭을 맞추기 위해
평소 걸음보다 느리게
잠시
쉬었다 걸어요

그런
날
지그시 바라보아요

등이 조금은

굽어진
사랑하는
우리 아빠가

오래된 타인

언제부터인가
오래된 타인이
내 안에
자리 잡고 있다

메마른 표정으로
나만을 응시하며
날 떠나지도 않은 채

나도 낯설은
하지만 외면할 수 없는
나를 꼭 닮은
오래된 타인이

슬리퍼 하나

슬리퍼 하나
둥둥
떠내려간다

갈 곳 모르고
물결 따라 억지로
떠밀려가는 모습이

제 짝 잃은
나 같다

주인 잃고 헤매는
내 마음 같다

노년의 드라이기

머리를 말린다

모터 소리가
힘겹게 들린다

너도 이제 나이가
꽤 되었구나

내가 눈치챌세라
더욱 힘을 가한다

그럴수록 과부하에
모터 소리가
더 귀에 거슬린다

애써 노력하지 마라

너나, 나나

그럴수록
더 고장만 난다

슬픔이 나에게

슬픔이 내게
말을 건넨다

괜찮으냐고
견딜 만하냐고

난
슬픔과
마주하지 못한다

내가 불쌍해
슬픔과 마주할 수가 없다

내가 괜찮지 않아서
슬픔과 눈 맞출 수가 없다

그런 나를
묵묵히 지켜보다

나와 함께
눈물을 흘린다

끝내
날
목 놓아 울게 한다

마음 산책

내 마음 어디선가
쾌쾌한
검은 연기가 피어오른다

어느덧
수척해진
내 마음을 살펴본다

헝클어진 실타래처럼
끝이 보이지 않는다

뒤죽박죽
정렬되지 않는
마음 주머니를 비우기 위해

늦기 전에
마음 산책을 나선다

무지개는 뜬다

금이 간
낡은 창문에도

깊게 패인
웅덩이에도

자기 할 일 다 하고
버려진
쓰레기 더미에도

비가 오고 나면
무지개는 뜬다

자아 찾기

말수는 없었지만
남들 눈치 보지 않고
바른말을 했던
네 생각이 난다

옳은 일에는
네가 항상 있었고

언제나
꿈을 향해 나아가는
네가 부러웠다

그래
이 모습이 너다

어디서든
당당한 네 모습이
바로 너였다

그동안
잊고 있었던
잃어버렸던
바로
내 모습이다

자화상

노여움은 덜고
인자함은 더하기

미움은 빼고
미소는 한가득 채우기

세월의 주름은
있는 그대로

희로애락이 담긴
내 인생의 발자취니

더하지도
빼지도 말고
그대로 남기기

당신은 누구신가요

날 보며
눈물짓는
당신은 누구신가요

날 바라보는 눈빛에
텅 빈 내 마음이
녹아내리는
당신은 누구신가요

날 부르는 목소리에
다정함과
회한이 가득한
당신은 누구신가요

어렴풋이
잡고 싶은 기억 속에
번번이 나타나는

당신은 누구신가요

영정 사진

무수한 생각이 흐른다

귀한 시간을 내어
방문한 사람들이

슬퍼하지 않았으면 좋겠다
눈물짓지 않았으면 좋겠다

보고 싶은 얼굴
하나둘
꼬리에 꼬리를 물듯 떠오른다

아,
이 말 한마디는 전해야지

덕분에
꽤
살 만했다고

그 고운 인연에
마지막 인사를
근사하게 남기자

아니
조금은 긴
안부 인사라고 하자

아름다운 황혼

우리의 황혼에
우리 둘 중
누가 없더라도
둘이 맞잡은 손
이 온기를 잊지 말아요

아름다운 노을 보며
나누었던 우리의 행복
그대로 간직하고 있지요

떨어지는 꽃잎 보며
슬퍼하지 말자는 약속
그 마음 기억하고 있지요

우리의 황혼에
우리 둘 중
누가 없더라도
서로를 가득 담은
이 눈망울을 잊지 말아요